NOTICE HISTORIQUE

SUR

LA VIE ET LES ÉCRITS

DE M#me#. LACHAPELLE,

DÉCÉDÉE SAGE-FEMME EN CHEF DE LA MAISON D'ACCOUCHEMENT,

PAR M. CHAUSSIER,

MÉDECIN EN CHEF DUDIT ÉTABLISSEMENT.

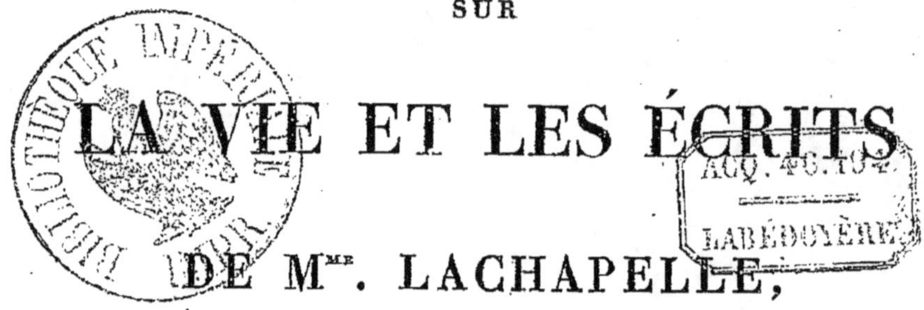

PARIS,

DE L'IMPRIMERIE DE MADAME HUZARD

(née VALLAT LA CHAPELLE),

IMPRIMEUR DES HÔPITAUX ET HOSPICES CIVILS.

1823.

NOTICE HISTORIQUE

SUR

LA VIE ET LES ECRITS

DE Mme. LACHAPELLE.

QUOIQUE, dans le discours prononcé à l'ouverture de cette séance, M. le président ait exprimé d'une manière énergique les regrets que cause la perte que nous avons faite de Madame Lachapelle; quoiqu'il ait rendu à la mémoire de cette excellente Dame le juste tribut de louanges qu'elle méritait si bien par ses talens, ses vertus, les services journaliers qu'elle rendait à la Société, je ne craindrai point d'y revenir encore.

Consacrée tout entière au soulagement des mères souffrantes, à la conservation des enfans naissans, à la pratique, à l'enseignement de son art, la vie de Madame Lachapelle est essentiellement liée à la gloire, à la prospérité de cet éta-

blissement, aux progrès de l'art des accouchemens.

Marie-Louise DUGÈS, plus connue sous le nom
de *veuve* LACHAPELLE, sage-femme en chef de la
Maison d'Accouchement, directrice et première
institutrice de l'école qui y est établie, naquit à
Paris, le 1er. janvier 1769. Son père, Louis *Dugès*, y exerçait les fonctions d'officier de santé ;
sa mère, Marie Jonet, était sage-femme-jurée au
Châtelet, et ayant été nommée, en 1775, sage-
femme en chef à l'Hôtel-Dieu, elle s'y établit et
en remplit les fonctions avec des talens, un zèle,
une activité qui la firent distinguer et lui méri-
tèrent une pension, qui lui fut accordée par brevet
du roi.

Élevée avec soin sous les yeux de sa mère,
instruite par ses leçons et son exemple, vivant
journellement au milieu des femmes enceintes et
en couche, la jeune Demoiselle *Dugès*, en gran-
dissant, acquit de bonne heure et presque sans
s'en apercevoir les connaissances théoriques et
pratiques de l'art des accouchemens ; le désir de
seconder sa mère fortifia son goût pour le travail,
pour l'étude, et lui fit contracter cette habitude
de bonté, de douceur, de patience, cet esprit
d'observation qu'elle portait toujours auprès des
femmes souffrantes. Aussi, quoique mariée, en

1792, avec M. Lachapelle, chirurgien chargé du service de l'Hôpital Saint-Louis, elle demeurait toujours à l'Hôtel-Dieu, auprès de sa mère. La mort de son mari (janvier 1795), dont elle n'a point eu d'enfans, augmenta l'attachement qu'elle avait pour sa mère : dès-lors elle en partagea tous les travaux, la remplaça souvent dans sa pratique, dans ses leçons, et mérita bientôt (1795) d'etre nommée son adjointe.

On s'occupait alors beaucoup (1793) à réformer les grands et nombreux abus qui existaient dans les divers établissemens publics, et sur-tout dans ceux destinés aux pauvres et aux malades. De temps immémorial il n'y avait à Paris d'autre ressource pour les pauvres femmes enceintes et en couche qu'une salle de l'Hôtel-Dieu, insalubre par sa situation au-dessus de celle des blessés, et trop petite pour le nombre de celles qu'on y recevait : aussi elles y étaient entassées pêle-mêle ; plusieurs couchaient ensemble dans le même lit, et souvent il y régnait des épidémies désastreuses, qui, malgré tous les soins des médecins, en faisaient périr le plus grand nombre.

D'un autre côté, tous les enfans qui y naissaient, ainsi que ceux qui étaient abandonnés soit par l'indigence et l'impossibilité de les élever, soit par la honte et les préjugés d'un faux honneur, étaient portés à l'Hôpital des Enfans-Trouvés, où ils périssaient en grand nombre, tant par leur accumulation, que par le défaut des choses nécessaires et l'insalubrité du local au milieu de la ville, dans un quartier froid, humide, peu éclairé des rayons du soleil.

Enfin l'instruction des sages-femmes était généralement négligée, et toujours fort incomplète; presque par-tout en effet elle était bornée à des explications théoriques, à des leçons orales, données dans des amphithéâtres, et parfois encore par des gens dont les connaissances étaient entièrement puisées dans les livres (1). De tels moyens n'étaient assurément point propres à former des sages-femmes instruites; l'art des accouchemens est essentiellemement pratique : ce n'est ni dans les livres, ni dans les leçons orales,

____

(1) Cette assertion paraîtra sans doute exagérée, cependant elle est vraie et en voici la preuve. En 1745, la Faculté de médecine ayant jugé à propos d'établir dans ses écoles un cours d'accouchement pour les sages-femmes, en chargea le savant Astruc, qui le fit pendant plusieurs années consécutives; cependant il est certain qu'Astruc *n'avait jamais accouché*, et que toutes ses connaissances étaient entièrement puisées dans les livres, comme il le déclare expressément dans son *Traité de l'art d'accoucher*, qui parut en 1766.

ni même sur des mannequins, qu'on peut bien
l'apprendre ; mais pour acquérir des connaissances solides et vraiment utiles, il faut pratiquer
soi-même; il faut avoir vu souvent, avoir observé,
sous la direction d'un maître habile, et dans des
cas différens, la marche de la nature, les moyens
efficaces de l'aider, de remédier à ses écarts; et
ce genre d'enseignement-pratique, le seul con-
venable à l'objet, n'existait alors qu'à l'Hôtel-
Dieu ; mais, d'après les anciens réglemens, le
nombre des élèves-sages-femmes était borné à
quatre ou cinq au plus, et la durée de leurs études
et de leur exercice était fixée à trois mois de séjour; ce qui rendait l'instruction incomplète et
disproportionnée aux besoins de la Société.

Les inconvéniens qui résultaient de cet an-
cien état de choses, étaient trop évidens, trop
graves, pour ne point éveiller la sollicitude du
gouvernement, et chercher les moyens d'y remédier.

Madame LACHAPELLE, dont le zèle, les lu-
mières et l'activité étaient déjà bien connus, fut
consultée sur cet objet avec plusieurs médecins
distingués de la capitale. Les avantages qui de-
vaient résulter de séparer les femmes en couche,
de ne pas les confondre dans le même local avec
les malades, étaient trop évidens pour qu'il y eût

aucune hésitation : aussi tous s'accordèrent à en reconnaître le besoin, la nécessité absolue.

On avait d'abord (1794) désigné pour cet objet le *Val-de-Grâce*, grand et bel édifice, salubre par sa situation, son isolement presque absolu et assez vaste pour qu'on pût y réunir les enfans-trouvés, les femmes enceintes, et en même temps y former une École de sages-femmes. Déjà (août 1795) on y avait transporté les enfans, et on préparait tout pour y recevoir les femmes enceintes ; mais bientôt un autre ordre (en date du 2 octobre 1795) arrêta les travaux commencés, et assigna pour le nouvel établissement le *Port-Royal* et l'*Oratoire*, deux maisons également salubres, seulement séparées par une rue, mais dont la proximité permettait des communications promptes et faciles : peu de jours après ce second ordre (17 octobre 1795), les enfans furent transportés dans l'une de ces maisons ; mais pour remplir complétement l'objet qu'on se proposait, il restait à y faire des réparations, des arrangemens, des dispositions particulières pour l'emplacement des femmes, des élèves et le service de l'Établissement : Madame LACHAPELLE fut spécialement chargée de diriger, de surveiller tous les détails de cette opération, et après quelques mois de travaux que les circonstances firent interrompre plusieurs fois ; le nouvel établissement fut formé dans le local qu'il occupe aujourd'hui , et prit le nom d'*Hospice de la Maternité* , qui, depuis, a été remplacé par celui de *Maison d'accouchement*; enfin lorsque tout fut bien arrangé, Madame *Dugès* s'y transporta : on y reçut les femmes enceintes, on y admit des élèves , on y continua les leçons telles qu'elles se faisaient auparavant à l'Hôtel-Dieu , et qui étaient toujours bornées à trois mois ; mais le temps consacré à cet enseignement était trop court pour que les élèves admises à cet hospice pussent, même avec les dispositions les plus favorables, y acquérir les connaissances nécessaires pour former de bonnes sages-femmes : Madame LACHAPELLE l'avait bien senti , et s'occupait à agrandir, à exécuter le plan qu'elle avait conçu, lorsque, par un réglement de M. le comte *Chaptal*, alors ministre de l'intérieur, l'organisation de cette nouvelle École fut fixée , et que M. *Baudeloque* y fut attaché en qualité d'accoucheur et de professeur. Ce savant illustre , auquel l'art des accouchemens doit tant de progrès, et qui avait pour Madame LACHAPELLE l'estime et la considération la plus grande, n'hésita pas à adopter ses vues ; et d'après leurs observations, au lieu de trois mois, comme il l'était à l'Hôtel-Dieu, le séjour des élèves-sages-femmes fut fixé à un an, et pendant ce temps elles suivent non-seulement les cours théoriques faits par le professeur , et les leçons que la sage-femme leur donne deux ou trois fois par jour ; mais encore elles pratiquent elles-mêmes ou sont témoins du grand nombre d'ac-couchemens qui s'opèrent chaque année à la Mai-son ; plusieurs même , pour se perfectionner dans la pratique sollicitent et obtiennent la permission de passer une seconde année à l'hospice. Ainsi l'in-struction des sages-femmes a pris toute la solidité, toute l'étendue que l'on pouvait désirer, et la nou-velle École a acquis la célébrité dont elle jouit ac-tuellement (1).

Pour apprécier toute l'étendue des services que Madame LACHAPELLE a rendus à cet établissement,

____

(1) Je ferai ici une remarque que, par amour de la science et du bien public, je désire beaucoup que l'on prenne en considération. Convaincus de la supériorité d'instruction des élèves sages-femmes qui sortent de la Maternité, frappés de l'utilité et des avantages de cet établissement, MM. les préfets ont pensé qu'ils pour-raient facilement trouver les mêmes avantages dans leurs départemens ; et d'après cette idée, qui leur a été spéciale-ment suggérée et appuyée par des gens curieux d'avoir le titre de professeur, les uns ont établi des cours d'ac-couchement non-seulement dans le chef-lieu de leur département, mais même dans chacun de leur arrondis-sement ; d'autres ont ajouté à ces cours ou leçons orales

il faut la considérer dans l'exercice de ses fonctions ;
écoutons-la dans cet amphithéâtre, donnant chaque

une salle particulière destinée à y recevoir les femmes
enceintes et à y pratiquer les accouchemens. Assurément
on ne peut trop louer le zèle et les bonnes intentions de
MM. les préfets ; mais souvent nous sommes trompés par
l'apparence du bien (*decipimur specie recti*) , et d'après
tout ce que nous avons eu occasion de voir et d'observer
avec soin il nous paraît que l'on a été trompé par l'apparence du bien. En effet, la plupart de ces cours, où, pour
faire nombre , le professeur admet indistinctement toutes
celles qui se présentent sans s'informer de leur éduca-
tion , de leur âge, de leur aptitude, consistent unique-
ment en manœuvres sur le mannequin , en quelques lectures ou explications orales que les élèves apprennent
par cœur comme un catéchisme , et qu'elles répètent
comme des perroquets sans en comprendre le sens ; et
comme presque par-tout ces professeurs sont membres du
jury médical, ils en arrachent pour leurs élèves des di-
plômes de sages-femmes, et perpétuent ainsi dans le département l'ignorance et parfois la témérité.

D'un autre côté, si on examine ces salles particulières
que par-tout on décore du titre de maternité, on trouve
que les unes sont dénuées des choses les plus nécessaires,
et que dans les autres on y reçoit au plus pendant toute
l'année huit à dix femmes ; encore quelquefois pour les
déterminer faut-il les solliciter, les presser. On ne sau-
rait trop le répéter, l'art des accouchemens est essentiellement pratique , et ce n'est pas sur un si petit nombre de

jour, deux et même trois fois, une leçon aux élèves.

Après avoir annoncé d'une manière simple et facile l'objet particulier qu'elle se propose de traiter, elle en parcourt successivement tous les points, et y insiste avec plus ou moins de force, suivant le degré d'importance ; et comme elle sait

---

femmes, qui presque toujours accouchent spontanément, qu'on peut bien l'apprendre et connaître les moyens, les procédés qu'il convient d'employer dans les differens cas : ce n'est que dans les villes du premier ordre, au milieu d'une grande population, qu'on peut avec profit et avantage pour le bien de la Société, former, entretenir un hospice de la Maternité, y établir une école d'accouchemens. *Par-tout ailleurs*, comme le dit expressément M. *Champagny*, ministre de l'intérieur, dans la circulaire qu'il écrivait à MM. les préfets, en leur envoyant le réglement du 1er. janvier 1807, *les cours particuliers d'accouchemens ne peuvent exister dans les départemens avec succès ni même sans danger :* ce que l'on pourrait facilement démontrer. Il est donc à désirer qu'au lieu de toutes ces petites institutions insuffisantes, si dispendieuses et tant multipliées dans les départemens, on envoyât chaque année à l'hospice de la Maternité un certain nombre d'élèves choisies, ainsi que le prescrit le réglement ministériel, il y aurait non-seulement économie dans les dépenses départementales ; mais, ce qui est plus important encore, l'instruction serait plus générale, plus étendue et par conséquent d'une utilité plus grande.

que les préceptes les plus simples, les explications les plus précises, ne frappent point également tous les auditeurs, elle a soin de les répéter, de les présenter sous une forme différente, de les rendre sensibles aux yeux par l'exercice sur le manne-quin ou par le récit de quelques-uns des cas que les élèves ont déjà eu occasion d'observer dans l'Hos-pice. En finissant ses leçons, qui toujours étaient écoutées avec le silence et l'attention la plus grande, Madame LACHAPELLE appelait alterna-tivement plusieurs des élèves et les interrogeait sur l'objet dont on s'était occupé; ce qui donnait encore lieu à de nouveaux développemens, et contribuait à graver profondément les préceptes dans l'esprit; enfin, pour ne négliger aucun moyen d'instruction, comme les élèves sont partagées en brigades ou pelotons, les chefs sont chargées de répéter la leçon à leurs compagnes ; ce qui non-seulement les habitue à parler, à exprimer leurs idées, mais encore forme une sorte d'en-seignement mutuel, dont les avantages sont bien constatés.

Nous rappellerons encore que, dans ses leçons théoriques et pratiques, Madame Lachapelle in-sistait toujours beaucoup sur la nécessité indis-pensable de bien connaître la position de l'enfant et de ses différentes parties : il ne suffit pas, répétait-elle sans cesse, de s'être assuré que dans l'accouchement l'enfant présente telle ou telle partie; mais il faut en même temps se représenter par la pensée, voir en quelque sorte à travers les parois qui le recouvrent sa situation générale, sa disposition, le placement de ses membres, leurs rapports avec les parties de la mère : sans une connaissance exacte de cet objet important, que l'on ne peut acquérir que par l'habitude et l'exercice, on agit en aveugle; on ne réussit que par hasard (1), et lorsque le cas nécessite l'application

---

(1) Il doit en être de même pour toutes les parties de la médecine pratique : sans doute il importe beaucoup, comme le recommande Hippocrate, d'observer avec attention la face, l'attitude du malade, l'état de la peau, de la respiration, des diverses fonctions, et tous les symptômes ou phénomènes morbides qui se présentent à l'extérieur; mais quoique très-importantes, ces considérations ne peuvent suffire à établir un diagnostic complet de la maladie; il faut encore que le médecin s'attache à reconnaître, à déterminer d'une manière positive le foyer ou siége primitif de la maladie; et pour s'en former une idée toujours vraie, il doit, à travers l'épaisseur des parois qui le cachent, se représenter *intuitivement* par la pensée l'état de l'organe primitivement et essentiellement affecté; les altérations progressives qu'il éprouve dans sa forme, sa texture, ses propriétés, ses connexions, son influence sur les différentes parties de l'or-

des moyens de l'art, on ne sait ni quelle main il faut de préférence employer, ni comment il faut la diriger; et tandis qu'une personne instruite et attentive aurait promptement et facilement surmonté l'obstacle, on perd le temps en tâtonnemens inutiles, en efforts fatigans, parfois même dangereux. Si nous suivons Madame LACHAPELLE dans sa pratique, nous avons également à louer ses attentions dans tous les cas, et sa dextérité dans ceux qui nécessitent des manœuvres particulières. *Baudeloque*, si bon juge dans cette matière, admirait avec quelle facilité sa main souple, délicate, toujours dirigée par l'intelligence, savait surmonter tous les obstacles : aussi toutes les fois qu'il était appelé à l'Hospice pour quelques accouchemens laborieux, il confiait à Madame LA-

---

ganisme ; il doit aussi considérer la constitution particulière du sujet, les circonstances antécédentes et concomitantes, la cause qui a déterminé, qui entretient la maladie.

Il doit sur-tout reconnaître le degré d'énergie de la nature, si ses efforts ou la réaction des organes peuvent seuls suffire pour résister à la maladie, en amener la guérison, le retour à l'ordre primitif et habituel.

C'est par cet enchaînement, ce concours de considérations simultanées, que l'on peut parvenir à établir une méthode rationnelle de traitement, un choix, un ordre dans la diète et l'emploi des moyens curatifs.

CHAPELLE le soin de les terminer elle-même. Il aimait beaucoup la voir opérer sous ses yeux, et ne manquait jamais d'applaudir à ses succès.

Avant de commencer une manœuvre quelconque, Madame LACHAPELLE avait toujours soin d'en prévenir la femme, de lui en faire sentir la nécessité, les avantages, et d'éloigner de son esprit la crainte et l'inquiétude : s'agit-il de l'application du forceps, « je ne manque jamais, nous dit-elle, » ainsi que Baudeloque en a donné le judicieux » précepte, de faire voir l'instrument à la femme, » de lui expliquer à-peu-près son usage et sa façon » d'agir ; il n'en est aucune que cette démonstra- » tion ne tranquillise, et j'en rencontre souvent » qui, à leur deuxième accouchement, sollicitent » l'application du forceps qu'elles ont vu mettre » en usage pour les débarrasser au premier (1) ».

----

(1) Autrefois en entendait peu parler d'accouchemens terminés par le forceps, et dans une pratique longue et très-étendue le sage Baudeloque y a eu rarement recours ; mais il n'en est pas de même aujourd'hui, et dans la pratique civile l'usage du forceps est depuis quelques années devenu très-fréquent. Chaque accoucheur a toujours son forceps en poche, et il faut bien l'employer, c'est la mode ; c'est l'art de se faire valoir, et il ne faut pas en laisser échapper l'occasion. Dans l'état actuel, disait un jour *Alphonse Leroy*, on peut d'avance, et avec certi-

Madame LACHAPELLE terminait elle - même ou faisait terminer sous ses yeux, par une des anciennes élèves, tous les accouchemens contre nature; et ces opérations se faisaient toujours dans le silence, le calme le plus grand, et en présence des élèves; mais aussitôt que la femme était entièrement délivrée et placée dans son lit, Madame

---

tude, parier que telle dame sera accouchée avec le forceps Eh! ne voyez-vous pas, ajoutait-il plaisamment, que c'est le *fion*, le moyen de se rendre plus important? D'ailleurs les femmes, pour faire parade de fermeté, de patience, aiment à raconter comment elles ont été accouchées par les *ferremens*.

Certes, les accouchemens difficiles ne sont pas plus nombreux aujourd'hui qu'ils l'étaient autrefois, et d'après les relevés exacts faits par madame *Boivin*, on sait qu'à l'Hospice de la Maternité, où il se fait chaque année le plus grand nombre d'accouchemens, sur deux cent quinze cas, il n'y a eu qu'une seule application du forceps : tandis qu'à Londres *Merriman* et *Bland* l'ont employé une fois sur cent soixante-douze cas ; et s'il était possible de connaître tous les cas particuliers de la pratique en ville, on trouverait sans doute qu'on l'emploie bien plus souvent encore. On voit même que, dans sa pratique, *Osiander* (Archives de l'art des accouchemens, t. 2, p. 29) comptait quatre cents accouchemens artificiels sur un total de sept cents. Ainsi des praticiens plus jaloux de l'éclat et de leur renommée que du bien-être des femmes et des enfans, se

Lachapelle les rassemblait toutes dans l'amphithéâtre : là elle exposait avec détail toutes les circonstances du cas particulier qui venait d'avoir
lieu ; elle faisait connaître les motifs qui avaient
déterminé le procédé opératoire , les attentions
que l'on doit apporter avant , pendant son exécu-
tion ; et pour ne rien échapper de ce qui peut contribuer à l'instruction, elle l'exécutait sur le mannequin , et le faisait répéter successivement à
toutes les élèves , en y ajoutant toujours de nouveaux développemens. De telles leçons cliniques
sont la source la plus féconde de l'instruction, et
mieux que les plus longues descriptions ou les
lectures les plus attentives , elles gravent dans
l'esprit tout ce qu'il importe de savoir.

Mais outre ces leçons cliniques , tous les cas
d'accouchemens , même les plus simples , sont
chaque jour notés , décrits, recueillis avec la plus

---

font dans le public un titre de gloire des nombreux accouchemens difficiles qu'ils rencontrent dans leur pratique ; et c'est , observe judicieusement dans ses cours le
professeur *Dubois* , *parce qu'ils veulent absolument accoucher ; ils ne veulent pas donner à la nature , plus sage
qu'eux , le temps de terminer son œuvre ; ils la contra-
rient , la gênent , la tourmentent : heureux encore s'ils en
sont quittes pour avoir voulu paraître nécessaires !*

grande exactitude par une des élèves ; et dans le silence du cabinet, Madame LACHAPELLE les rapprochait, les comparait, en tirait des inductions générales, en composait des mémoires également propres à servir à l'instruction des élèves et aux progrès de l'art.

Le premier volume de ces Mémoires, riche d'observations nouvelles, de réflexions judicieuses, et qui a obtenu l'approbation unanime de tous ceux qui se livrent à l'art des accouchemens, a paru l'an passé : nous en donnâmes alors une notice, qui fut imprimée dans le procès-verbal de la séance publique de cette année, et l'on espérait bientôt jouir de la suite de cet ouvrage important (1); mais déjà Madame LACHAPELLE portait le germe d'une maladie cruelle qui minait sourdement son existence. Sa patience, son courage, lui en firent négliger les commencemens, et quoique déjà l'on remarquât sur ses traits une altération profonde, elle cachait soigneusement ses douleurs aux personnes qui l'entouraient, et con-

---

(1) On trouve aussi dans l'*Annuaire médico-chirurgical des hospices et hôpitaux civils*, Paris, 1819, cinq observations importantes de Madame LACHAPELLE, sur différens cas d'accouchement.

tinuait l'exercice de ses fonctions ; cependant le mal faisait insensiblement des progrès qui la firent succomber le 4 octobre dernier.

Quoique prévue depuis plusieurs mois , la mort de Madame LACHAPELLE causa la consternation , l'affliction la plus profonde non - seulement aux élèves , aux personnes attachées à l'Établissement ; mais encore à un grand nombre de Dames de la ville et de la cour qui connaissaient ses talens , en avaient éprouvé les bienfaits. Elle causa de même de vifs regrets à tous les hommes de l'art qui en désirent sincèrement les progrès , et qui savaient combien Madame LACHAPELLE pouvait y contribuer.

Le Conseil général des Hôpitaux et Hospices de Paris n'y fut pas moins sensible , et pour en réparer la perte autant qu'il était possible , il a désigné pour la remplacer Madame *Legrand*, une des anciennes élèves les plus distinguées de cette École , qui , pendant son séjour à l'Hospice , avait obtenu par son zèle , ses mœurs et ses talens ; la confiance , l'amitié de Madame LACHAPELLE , était pénétrée de sa méthode , de ses principes ; et qui depuis douze ans fixée à Versailles y avait pratiqué d'une manière honorable et même enseigné l'art des accouchemens. Aussi ce choix a été gé-

néralement applaudi, et nous ne doutons point
que Madame *Legrand* continuera à soutenir la
gloire et la célébrité de cette École.

Jeunes élèves qui m'écoutez, ce n'est point
par des pleurs du moment, par de stériles regrets
que vous vous montrerez sensibles à la perte de
votre bonne et excellente institutrice ; c'est en
rappelant le souvenir de ses qualités, de ses vertus ;
c'est en la prenant pour modèle , en acquérant
l'habitude de la patience , de la douceur, des attentions auprès des femmes qui vous appelleront
pour les soulager dans leur douleur.

Quoique les noms de BAUDELOQUE et de Madame LACHAPELLE soient déjà inscrits d'une manière honorable dans le livre de la postérité ; cependant comme l'un et l'autre ont beaucoup con-
tribué à la gloire de cette École , qu'ils en sont en
quelque sorte les fondateurs, il est à désirer de
voir incrusté dans le mur de cet amphithéâtre
qui a si souvent retenti de leur voix , un simple
marbre qui rappelle aux élèves et aux étrangers
qui viennent visiter cet Établissement, leurs pre-
miers professeurs , les auteurs de sa célébrité, de
son illustration ; c'est un témoignage d'attachement et de reconnaissance qui est bien dû à leur
mémoire : prions donc M. LE PRÉSIDENT DE CETTE

SÉANCE de présenter nos vœux au Conseil général des Hospices, de les appuyer de son crédit et du vif intérêt qu'il prend à cette École; et espérons qu'ils seront écoutés et accueillis favorablement.